AF562000

VIE

de

SAINT SULPICE

22me Évêque de Bayeux

DE

SAINT SULPICE

22me ÉVÊQUE DE BAYEUX

PAR

l'abbé SURIRAY

VICAIRE DE LIVRY

Dieu est admirable dans ses saints : il conserve leurs ossements, et il ne permet pas que leur poussière tombe dans l'oubli.

BAYEUX

IMPRIMERIE DE A. DELARUE

1859

PERMISSION

Nous avons fait examiner un opuscule composé par M. l'abbé SURIRAY, vicaire de Livry, sur la vie, le martyre et la translation des reliques de saint Sulpice, évêque de Bayeux.

Sur le bon témoignage qui nous a été rendu de ce petit ouvrage, nous lui donnons volontiers notre approbation, et nous adressons nos félicitations à l'auteur. Nous espérons que l'histoire, quoique bien abrégée de l'un de nos plus saints prédécesseurs, en faisant connaître aux fidèles la grandeur de ses vertus et l'héroïsme de sa mort, augmentera leur dévotion envers lui. Le culte des saints, si cher à l'Église, est une source de bénédictions pour ses enfants.

Puissent les fidèles qui visiteront le tombeau du saint pontife, en vénérant avec piété la mémoire de ce glorieux martyr, faire descendre les grâces du Ciel sur eux, sur nous-même et sur tout notre diocèse.

Bayeux, ce 8 avril 1859.

† Charles, évêque de Bayeux.

AUX PÉLERINS

C'est à vous, pieux pélerins, qui venez chaque année visiter la modeste chapelle élevée sur le tombeau de saint Sulpice, que nous destinons cette courte Notice. Puisse-t-elle vous inspirer un vif sentiment de vénération pour ce sanctuaire, et aussi une grande confiance dans la puissante intercession du saint évêque martyr dont s'honore l'Église de Bayeux !

C'est grâce à votre piété et à celle de vos ancêtres que ce pélerinage s'est soutenu à travers les âges. Si ce petit ouvrage peut contribuer à l'augmenter encore, et s'il peut entretenir des souvenirs si dignes d'être conservés, nous aurons atteint le seul but que nous nous sommes proposé.

SA VIE ET SON MARTYRE

—

Vers le milieu du ixe siècle, la paroisse de Livry fut le théâtre d'un grand crime. Des peuples barbares, dignes émules des premiers persécuteurs du nom chrétien, débarquèrent sur nos côtes, sous la conduite de Bier, selon les uns, ou sous celle de Raignier, selon les autres.

Ces intrépides navigateurs se riaient des vents et de l'Océan. « La force de la tem-

« pête, chantaient-ils, aide le bras de nos « rameurs ; l'ouragan est à notre service : « il nous jette où nous voulons aller. » Ils parcoururent en vainqueurs nos riches contrées, et marquèrent leur passage en amoncelant les ruines, et en faisant couler à grands flots le sang des habitants de ce pays vaincu.

Tout ce qui portait quelque marque de Christianisme, était surtout l'objet de leur haine et de leur impitoyable fureur. Le feu consumait les temples et les habitations, et le fer mutilait le prêtre et le fidèle. La crainte se répandit dans tous les cœurs ; l'Église demanda au Ciel la délivrance de ce fléau terrible, dont la force humaine était impuissante à détourner les coups, et l'on inséra aux litanies cette invocation suppliante : *A furore Normannorum, libera nos, Domine* (1).

(1) De la fureur des Normands, délivrez-nous, Seigneur.

Ces pirates commencèrent par ruiner de fond en comble le monastère de Deux-Jumeaux, qui se trouvait sur le territoire de la paroisse de Longueville, épargnèrent Bayeux, et se dirigèrent sur Livry, où se trouvait un autre monastère non moins célèbre que le premier. Une tradition veut que saint Gerbold, pendant son épiscopat, ait fait bâtir ce dernier, vers l'an 675, dans la paroisse où il avait pris naissance.

A l'époque de l'invasion des Normands, le siége épiscopal de Bayeux était occupé par un saint évêque dont la tête vénérable devait bientôt tomber sous le fer des persécuteurs. Cet évêque, c'était saint Sulpice.

L'histoire nous a transmis peu de choses sur la vie de ce saint pontife : nous sommes véritablement pauvres de détails ; mais, dans une si haute antiquité, les syllabes ont un poids qui vaut des discours. Bien que courte, l'esquisse que nous allons faire de sa vie, nous semble suffisante pour exciter la piété des pieux fidèles qui viennent chaque année en pèlerinage au tombeau de notre bienheureux.

Suivant une tradition fort ancienne et qui s'est conservée à travers les âges, les habitants de la paroisse de Livry le regardent encore comme leur compatriote. Ils prétendent qu'il y avait reçu le jour, mais il est certain qu'une grâce insigne, la grâce du martyre, lui fut réservée en ce lieu.

Sulpice montra de bonne heure une grande inclination pour la vertu, et une singulière ferveur dans tous les exercices de la religion. Plein d'horreur et de mépris pour les vanités du siècle, il se retira, dès qu'il le put, dans la solitude, peut-être dans le monastère de Livry, pour y servir Dieu avec plus de liberté, et lui consacrer toutes les affections de son cœur.

La sainteté de sa vie, ses vertus, sa science, lui avaient attiré la vénération et l'estime universelles, et lorsque l'évêque Carèniltus mourut, les fidèles, d'un consentement unanime, le choisirent pour être leur premier pasteur. Le peuple est bon juge ; la voix de Dieu s'exprime par sa bouche : il ne pouvait élever sur le trône pontifical un plus digne évêque.

Monté sur le siége épiscopal de Bayeux vers l'année 840, Sulpice avança toujours dans le chemin de la plus haute perfection. L'éminente dignité dont il était revêtu, ne fut pas au-dessus de son mérite : il sut allier les qualités d'un saint solitaire avec les vertus d'un grand évêque. Partager son temps entre la retraite et les soins imposés par la sollicitude pastorale, vivre avec frugalité au milieu de l'abondance, se faire pauvre dans les richesses, demeurer humble et modeste au comble des honneurs, se montrer affable à tout le monde, ami de la vertu, ennemi du vice, le père des pauvres, des veuves et des orphelins : telle fut la vie de Sulpice. En un mot, il fit paraître dans sa personne un modèle accompli des vertus épiscopales ; ses paroles comme ses actions ne respiraient que l'amour de Dieu et du prochain. Ses discours étaient assaisonnés de tant de grâces, qu'ils convertissaient ceux mêmes qui paraissaient les plus opiniâtres et les plus endurcis dans le crime. Le reste d'une vie si exemplaire nous échappe entièrement.

Pendant qu'il était occupé à faire la visite de son diocèse, ou peut-être tandis qu'il était venu se recueillir dans sa chère solitude de Livry, car il aimait à se retrouver en ce lieu où s'étaient écoulées ses premières années, et où l'on respirait encore le doux parfum des vertus de l'un de ses plus illustres prédécesseurs, les barbares s'avancèrent, le fer et la torche à la main, laissant partout la ruine et la désolation sur leurs pas. Bientôt ils arrivent au Val-Saint, pleins de fureur et disposés à en saccager la paisible retraite.

Au bruit des assaillants, les serviteurs et les clercs de notre Saint se préparent à défendre leur monastère par une vigoureuse résistance. Mais le prélat, plein de douceur, leur dit : « Posez les armes, mes enfants : notre religion nous instruit à ne pas rendre violence pour violence. »

Loin de se laisser aller au découragement aux premiers signes de l'orage naissant, Sulpice soutenait la constance et l'énergie de ses compagnons, en leur montrant, dans le martyre, la plus précieuse des grâces. Il s'estimait heureux de souffrir pour Jésus-Christ, et, à son exemple, il pria pour ceux qui le persécutaient. Il se réjouissait d'avoir été trouvé digne de verser son sang pour sceller sa foi et sa charité.

rieures du monastère, brisent ou renversent tout ce qui s'oppose à leur passage, pénètrent dans l'humble habitation des solitaires, et se précipitent avec fureur dans le sanctuaire où le saint pontife se tient prosterné. L'héroïque pasteur ne cherche pas à se dérober par la fuite; il offre sa vie pour son bercail, et se levant, il s'avance d'un pas ferme vers l'ennemi, en jetant vers le ciel ce cri sublime : Dieu veuille que mon sang soit le dernier versé! Aussitôt ces forcenés l'entourent, et brandissant sur sa tête leur glaive impie, ils immolent au pied de l'autel cette noble victime, dont le ciel accepte le sacrifice comme un holocauste d'une agréable odeur. Tout ce qui n'a pas fui, tombe à ses côtés. Le pillage et l'incendie succèdent au massacre. Les flammes s'élèvent de toutes parts, et dévorent ce que la cupidité des pirates n'a pu enlever; le monastère n'est plus qu'un monceau de ruines fumantes.

Le bruit de ce désastre et la nouvelle, triste et consolante à la fois, du martyre du saint évêque se répandirent comme l'éclair dans toute la contrée. Sa mort mit la consternation et le deuil dans tous les cœurs, mais plus encore dans ceux des habitants de Livry, qui avaient pour lui la plus tendre affection.

Après la retraite des féroces étrangers, quelques pieux habitants du lieu, qui avaient réussi à se soustraire au glaive exterminateur, recueillirent avec respect le corps inanimé de leur saint évêque, qu'ils trouvèrent sous les ruines des édifices; ils l'ensevelirent et lui creusèrent un tombeau au lieu même de son martyre, auprès d'une fontaine, dans le vallon qui retient encore aujourd'hui le nom de Val-Saint. Ils conservèrent soigneusement ce cher et précieux dépôt, comme les premiers chrétiens gardaient les restes mutilés des généreux athlètes qui, par leur merveilleux courage, lassèrent plus d'une fois la fureur de la vieille Rome païenne.

Nous ignorons combien d'années Sulpice avait passé sur cette terre d'exil, quand le Seigneur l'appela aux joies du Ciel; nous savons que l'époque de son martyre remonte à l'année 844.

Dieu, qui prend soin de la gloire de ses élus, ne tarda pas à manifester hautement la sainteté de notre bienheureux pontife. D'année en année, de nombreux prodiges montrèrent visiblement que Dieu voulait honorer parmi les hommes celui qui avait reçu de sa miséricorde la palme du martyre. Pendant plus d'un siècle, la tombe qui recouvrait ses précieux restes, ne cessa d'être visitée par les pieux fidèles des contrées même éloignées. On ne se lassait pas d'invoquer le saint pontife, en ce lieu où retentit si souvent l'expression de la reconnaissance des affligés qui furent consolés, des malades qui furent guéris, des faibles qui furent soutenus, des pécheurs qui trouvèrent le bonheur dans leur conversion.

Mais la vigilance des gardiens du pieux trésor fut un jour surprise, et bientôt il ne resta plus aux habitants désolés de Livry qu'un sépulcre vide, et la terre arrosée du sang du martyr.

Le Seigneur Jésus, qui a dit à ses disciples : *Allez et enseignez*, se plaît souvent à les mettre encore en mouvement après leur mort, et il se sert quelquefois de leur apostolat d'outre-tombe pour porter le bienfait de la grâce à d'autres peuples qu'à ceux qu'ils ont évangélisés de leur vivant. « *Je vous ai établis*, leur a-t-il dit, *afin que vous alliez et que vous portiez des fruits.* » Conformément à ce mot d'ordre, les saints, même après qu'ils sont arrivés au terme bienheureux de leur pèlerinage mortel, se résignent encore à redevenir voyageurs.

Combien de saints et illustres pontifes se sont relevés de leur couche funèbre pour entreprendre des pérégrinations posthumes ! Qui pourrait dire les courses réitérées, les allées et les venues, les marches et les contre-marches d'Exupère, le premier apôtre de notre contrée, et de la plupart de ses saints successeurs sur le siége de Bayeux ?

A leur exemple, et après un repos plus que séculaire, voici que tout-à-coup, par des moines qui ne soupçonnaient pas le dessein auquel Dieu les employait, Sulpice se releva de sa couche funèbre ; il reprit le bâton de missionnaire, et il s'en alla vers une autre frontière.

Nous trouvons dans la *Vie des Saints*, par les Bollandistes (1), sur l'enlèvement du corps de notre pontife, la légende simple et naïve qu'ils avaient recueillie dans les manuscrits de l'abbaye de Saint-

(1) Tom. II, 27 janvier, pag. 787.

Ghislain, où ses restes furent transportés. Nous en donnons ici la traduction :

« Que toute exagération disparaisse de ce récit ; racontons simplement ce que nous avons appris de la bouche de ceux qui n'avaient pas d'intérêt à nous tromper, afin que chacun connaisse avec certitude comment la Normandie enrichit le Hainaut du corps de saint Sulpice.

« En ce temps-là (986), à Rome, régnait l'empereur Othon, et le royaume de France était sous le sceptre de Louis V, surnommé *le Fainéant*, dernier roi de la race carlovingienne ; la Normandie était soumise au duc Richard Ier, surnommé *Sans-Peur* ; Herluin, évêque de Cambrai ; Godefroi, comte de Hainaut, etc.

« Simon, abbé du monastère de la Celle, religieux de Saint-Ghislain, se proposa de faire un pélerinage au Mont-Saint-Michel. Pendant son voyage, arrivé aux confins de la Normandie, il demanda l'hospitalité dans un bourg appelé Livry, dans un lieu surnommé le *Val-Saint*.

« Apercevant trois églises ou chapelles, il apprend que l'une d'elles possède les restes d'un saint ; il demande aussitôt quel était ce saint, comment il s'appelait, d'où il était venu, si l'on connaissait son origine. Il apprend que c'était un évêque de la ville de Bayeux, qui était venu en ce lieu pour y mener une vie solitaire.

« Réfléchissant sur ce qu'il vient d'apprendre, il ne tarde pas à faire part de ses réflexions aux religieux qui l'accompagnent : il est convenable, leur dit-il, de procurer à un si grand saint une demeure plus digne de lui ; c'est ce que je ferai, si Dieu m'accorde la grâce d'exécuter mon dessein. Il leur dit cela en secret.

« Enfin, parvenu au terme de son pélerinage, prosterné pour solliciter le pardon de ses fautes, il était cependant plus attentif à demander l'exécution de ses projets.

« De retour chez lui, il raconte les incidents de son voyage aux religieux de Saint-Ghislain, qui vivaient dans le monastère de la Celle. Peu de temps après, se recommandant à leurs prières, il part pour le même voyage avec ceux qui l'avaient accompagné la première fois. Et comme les difficultés même les plus grandes s'effacent devant une volonté énergique, ils parviennent au bourg dont nous avons parlé, sans rencontrer d'obstacle. Ils vont trouver le gardien, lui demandent l'hospitalité, et comme ils avaient fait une ample provision de vin, ils le firent boire avec excès, lui et les gens de sa maison.

« Déjà la nuit invitait au sommeil, et ceux qui étaient plongés dans l'ivresse, éprouvaient le besoin de dormir, tandis que les religieux, qui s'étaient tenus dans les bornes de la tempérance, désiraient de plus en plus de consommer leur pieux larcin.

« Enfin tous s'étaient retirés pour dormir, les religieux sobres, aussi bien que leurs hôtes ; ceux-ci plongés dans un sommeil léthargique ; tandis que les premiers étaient tenus en éveil par le désir de voir leur entreprise conduite à une heureuse fin.

« Vers le milieu de la nuit, tout étant dans le plus profond silence, l'abbé se lève avec précaution, donne le signal à ses religieux, leur défendant pour plus de sûreté de pousser le plus petit soupir, de faire entendre le plus petit bruit. Puis, sortant avec précaution, ils empêchent les chiens d'aboyer en leur offrant à manger.

« Pendant que les uns font le guet autour de l'église, l'abbé se met en devoir d'enlever la terre qui recouvre le cercueil; mais ses premiers efforts pour enlever le corps du Saint n'ont pas plus de succès que si ce fût une pierre énorme. Alors il revient vers ses religieux ; il leur raconte de quel poids sont les ossements du Saint. En l'entendant parler ainsi, ils entrent tous ensemble, se frappent humblement la poitrine à plusieurs reprises, se lient le cou, comme on fait aux animaux, avec une courroie, en signe de servitude, prient le Saint de les regarder comme ses esclaves, et lui promettent de lui rendre les plus grands honneurs dans leur monastère.

« Déjà l'aurore éclairait la terre de sa pâle lumière, et les étoiles commençaient à disparaître aux premières lueurs du crépuscule. Voyant que le jour allait paraître, ils enveloppent à la hâte les précieux restes du Saint dans un blanc linceul, et ils s'efforcent à l'envi de donner le change sur leurs traces.

« Le jour avait déjà commencé son cours: sentant que son ivresse était passée, le gardien se lève; il voit que ses hôtes sont partis, et soupçonne quelque ruse de leur part: c'est ce qu'il ne tarde pas à constater. Il entre aussitôt dans le temple, porte ses regards vers le tombeau du Saint, il se voit privé d'un si grand trésor et trompé indignement, je ne dirai pas par ses hôtes, mais bien plutôt par ses ennemis.

« O vallée sainte, quel bonheur pour toi d'avoir possédé un homme si éminent par ses vertus, dans les profondeurs de ta solitude, où les louanges de Dieu se chantent avec tant de paix et de sécurité !

« O vallée vraiment sainte, bien que privée de celui qui faisait ta gloire et ton ornement, tu as conservé néanmoins l'hermitage où s'éteignit naguères ce brillant flambeau de sainteté !

« O bourg infortuné, tu avais confié un si grand trésor à ce gardien comme une brebis à un loup ! Oui, infortuné, car en perdant cette brillante lumière, ton éclat est devenu obscur ; obscur, dis-je, par la faute de celui qui paraissait extérieurement s'acquitter de sa charge avec soin, mais qui trop souvent, chancelant après avoir trop bu, délaissait sans inquiétude son trésor pendant la nuit!

« Mais autant la Normandie se trouva malheureuse par cette soustraction, autant le Hainaut s'en félicita. Que dis-tu maintenant, malencontreux gardien? Désormais fais usage de la sobriété, mère des vertus, si tu veux une autre fois conserver ton dépôt!..... Mais il t'en faut chercher un autre: tu as sans doute mérité de perdre celui-ci. Alors tout le pays d'alentour fit entendre des cris de désespoir, et le triste son des cloches annonça au loin la perte d'un trésor si précieux. »

Immortalisé par la tradition, le vallon solitaire que saint Sulpice affectionnait particulièrement, et où il s'était réfugié pour y terminer sa longue et pieuse carrière en recevant la couronne du martyre, a constamment porté le nom de Val-Saint. La paroisse de Livry et tout le pays d'alentour ont toujours conservé précieusement la mémoire du saint pontife, qui fut une des gloires de la contrée, et cette fidélité de souvenirs est d'autant plus digne d'éloges, qu'elle a été soumise à une plus longue épreuve ; car, comme nous l'avons vu, par une secrète permission de Dieu, elle fut privée de bonne heure des restes sacrés de celui qui arrosa de son sang la terre qui l'avait vu naître.

Les fidèles continuèrent néanmoins de venir implorer sa puissante protection dans le lieu de son martyre ; la modeste chapelle élevée sur son tombeau ne cessa pas d'être visitée par de nombreux pélerins, et Dieu, qui veut que la mémoire de ses saints soit éternelle, permit que les prodiges continuassent de s'y produire.

Et depuis cette époque jusqu'à nos jours, son sépulcre n'a cessé d'être glorieux. Souvent ceux qui vinrent l'invoquer en ce lieu, s'en retournèrent en disant : « Dieu est admirable dans ses saints !... »

Les habitants de la paroisse de Livry sont aussi fiers qu'heureux de raconter les merveilles que leur ont transmises leurs pères, et celles dont ils ont été eux-mêmes les heureux témoins.....

« On voit encore après dix siècles, écrit Dom-Marie Bernard, de l'ordre de Cîteaux (1), au bord de la fontaine du Val-Saint, dans le diocèse de Bayeux, les ruines d'une chapelle tombée de vétusté ; c'est l'antique ermitage de Livry et le tombeau de saint Sulpice, évêque de Bayeux. L'héroïque pasteur n'avait pas voulu fuir à l'approche d'une horde normande accourue de l'Escaut ; il voulait défendre son bercail, malgré la dispersion du troupeau, et mourut, la face tournée contre l'ennemi, en jetant vers le ciel ce cri sublime :

(1) *Les héros du christianisme,* t. IV, p. 366.

« Dieu veuille que mon sang soit le dernier versé ! » L'évêque Sulpice était le Bayard du sanctuaire. Les hommes des champs racontent sa légende aux voyageurs ; ils vont prier sur sa tombe quand un danger les menace ou qu'une calamité les afflige. »

TRANSLATIONS

ET VÉRIFICATIONS DES RELIQUES

DE SAINT SULPICE.

—

ous avons dit que le corps de saint Sulpice fut transporté en Belgique. Quelle Providence particulière le conduisait en ce lieu ? La doctrine de saint Paulin, évêque de Nôle, nous aidera peut-être à le comprendre :

« Il ne suffit pas au Seigneur, dit ce grand évêque, que ses glorieux martyrs et confesseurs illustrent de leur nom et de leurs faveurs les lieux qu'ils ont habités; il est des contrées moins favorisées qui n'ont jamais été foulées par les pas d'aucun apôtre vivant: c'est pour les dédommager, je pense, que le Christ ordonne à ses saints d'aller y prendre un tardif domicile, et d'y signaler par mille bienfaits leur nouvelle habitation. Là où son œil divin découvre une nuit plus ténébreuse, une foi plus chancelante, des âmes plus livrées à la séduction des sens, aux folles joies de la vie et aux pompes dangereuses du monde; là il transporte le sépulcre miraculeux de ses serviteurs; là il destine leurs saintes reliques, source intarissable de lumières, de grâces et de remèdes. »

Les moines qui enlevèrent les restes du pontife pour les transporter en Belgique, en firent une translation solennelle dans leur monastère de Saint-Ghislain, le 21 juillet 986; l'anniversaire de cette translation s'y célébrait le même jour, jusqu'à l'époque de la révolution.

Les ordres religieux ayant été alors supprimés, les religieux, en partant pour l'émigration, emportèrent avec eux les reliques de saint Sulpice, ainsi que les autres reliques que possédait leur église. A leur retour en Belgique, les religieux, ou un certain nombre d'entre eux, se retirèrent dans le couvent de Saint-Ghislain, et déposèrent dans la chapelle les saintes reliques qu'ils avaient rapportées avec eux. Celles de saint Sulpice restèrent sans châsse spéciale jusqu'en 1837, époque où le R. P. Simonis en fit faire une, pour les déposer dans la chapelle des religieuses hospitalières de cette ville. Elles sont renfermées dans un sachet de soie, avec des papiers munis de cachets, dans le même état où elles étaient au retour des religieux, après les nombreux voyages qu'ils ont faits pendant leur émigration en Allemagne.

Depuis que le corps de saint Sulpice repose en Belgique, plusieurs auteurs, tels que Molanus, Rayssius et Brasseur, nous rendent compte de diverses translations et vérifications de ses reliques.

Nous avons extrait le passage suivant de l'*Histoire des saints de Belgique*, écrite par Molanus en 1573 : « La Celle ou monastère de Saint-Ghislain, qui existe depuis fort longtemps dans le Hainaut, possède le corps ou les restes du corps de saint Sulpice, évêque et confesseur. Ainsi, dans le martyrologe, au même endroit, on lit le 27 janvier : déposition de N. P. S. Sulpice, évêque et confesseur. Et le 21 juillet, dans le monastère de la Celle, translation de saint Sulpice. »

Dans son ouvrage imprimé en 1618, et intitulé : *Trésor des saintes reliques de Belgique*, Rayssius nous donne les détails suivants : « Dans le monastère de Saint-Ghislain, de l'ordre de saint Benoît, en Hainaut, appelé autrefois la Celle, le corps de saint Sulpice, évêque de Bayeux et confesseur, que Simon, abbé du monastère, en faisant un pélerinage de dévotion au Mont-Saint-Michel en 986, trouva dans une petite chapelle, dans un bourg nommé Livry, dans un lieu surnommé le Val-Saint, aux confins de la Normandie, et qu'il transporta de là dans son monastère de Saint-Ghislain. »

Dans son ouvrage sur *Les saintes reliques de la province de Hainaut*, Brasseur nous parle de diverses translations et vérifications du corps de saint Sulpice. Ainsi nous y voyons qu'en l'année 1634, l'abbé de Saint-Ghislain fit faire une grande et riche châsse d'argent représentant le buste d'un évêque, pour y renfermer les restes de notre Saint. En 1636, l'illustre archevêque Vander-Burch fit ouvrir ce reliquaire pour enlever la tête du saint, et la déposer dans un autre reliquaire plus riche encore.

Mais le diocèse de Bayeux ne devait pas être privé à tout jamais des reliques de son saint pontife. Dieu qui, comme l'a dit le Psalmiste, garde les ossements de ses saints et ne permet pas que leur poussière tombe dans l'oubli, Dieu permit que les saintes reliques de notre bienheureux martyr fussent conservées, et qu'une partie fût rendue à l'Église de Bayeux. Sans doute il voulait que les fidèles du diocèse qui lui fut autrefois confié, ne fussent pas entièrement privés de la présence d'un si grand pasteur, et qu'une partie de ses restes, revenue d'un pays éloigné, excitât davantage leur confiance dans ses mérites, et que, par son intercession, ils obtinssent la santé du corps et l'éternelle patrie que Dieu nous a promise et que ce saint apôtre nous avait prêchée.

En l'année 1662, un religieux Bénédictin, le R. P. Hilaire Pinet, envoyé en Belgique par ses supérieurs pour y gérer quelques affaires, se trouva, le 28 septembre, dans l'abbaye de Saint-Ghislain. Ce jour-là même, les religieux célébraient la translation de plusieurs saintes reliques, et entre autres celle du corps de saint Sulpice, évêque de Bayeux. Sur la demande du R. P. Pinet, les religieux de Saint-Ghislain, comme preuve de leurs sentiments affectueux envers leur confrère, consentirent à extraire du reliquaire une des côtes de saint Sulpice, et la lui donnèrent afin qu'il la transportât en France, pour la déposer dans le monastère de Saint-Vigor, près Bayeux.

La translation de cette relique eut lieu quelques années plus tard, le 19 juillet 1671, avec une autre relique non moins précieuse pour ce monastère, celle de saint Vigor, son fondateur. Mg[r] de Nesmond, alors évêque Bayeux, présida lui-même cette belle cérémonie, qui lui rappelait de si touchants souvenirs, au milieu d'une affluence considérable des pieux fidèles, du clergé et des ordres religieux de la cité, que ces deux saints avaient illustrée par la sainteté de leur vie et la grandeur de leurs miracles.

La relique de saint Sulpice fut conservée avec vénération dans le monastère de St-Vigor. Après la tourmente révolutionnaire, elle fut déposée dans l'église paroissiale de St-Vigor, où elle repose encore.

Livry, la terre natale de notre bienheureux, la modeste chapelle édifiée sur le lieu même qui fut arrosé de son sang, se voyant avec peine privées du trésor qui leur appartenait, ne devaient pas gémir plus longtemps de leur dénûment. Le moment était venu où une partie du corps de saint Sulpice allait être rendue à ses premiers possesseurs, et reposer de nouveau dans le lieu de son martyre.

Le dernier vœu du saint pontife, prononcé sur sa terre de prédilection par ses lèvres mourantes, allait être exaucé. Car nous aimons à croire qu'en choisissant ce lieu pour y mourir dans la confession de sa foi, il fit au ciel cette touchante prière que Joseph, avant lui, avait adressée à Dieu, lorsque, plein de jours, il songeait à prendre place à côté de ses pères : « Seigneur, c'est au milieu de mon peuple que je désire dormir du sommeil des justes ; c'est sur cette terre qui m'a vu naître et qui reçoit le sang que je répands pour votre nom, que je souhaite reposer jusqu'au jour où mon Rédempteur, qui est vivant, m'appellera pour recevoir la récompense. »

Vers la fin de l'année 1857, plus de mille ans après la mort de saint Sulpice, et près de neuf cents ans après son enlèvement du Val-Saint, dans lequel sa dépouille mortelle avait séjourné plus d'un siècle, des démarches furent faites pour obtenir une parcelle de la relique confiée naguères à la garde et à la vénération des religieux de l'abbaye de Saint-Vigor. Une demande fut adressée par le clergé de Livry à Mgr Didiot, évêque de Bayeux. Le prélat s'empressa d'autoriser, avec sa bienveillance habituelle, l'ouverture du reliquaire. Il délégua à cet effet M. l'abbé Laffetay, chanoine titulaire, qui constata l'authenticité de la relique et rédigea le certificat suivant :

Le mercredi vingt-cinq novembre mil huit cent cinquante-sept, nous, Camille-Jacques-Désiré Laffetay, chanoine titulaire de l'église Cathédrale, d'après les ordres de très-révérend Père en Dieu, Mgr Charles-Nicolas-Pierre Didiot, évêque de Bayeux et Lisieux, nous sommes transporté à l'église Saint-Vigor-le-Grand, et là, en présence et avec le concours de M. l'abbé

Godard et de M. l'abbé Faucon, curé et vicaire de ladite paroisse :

I. Après avoir ouvert un reliquaire en bois doré, représentant le buste d'un évêque, nous en avons extrait un certificat authentique, écrit en langue latine et rédigé sur parchemin par l'abbé de Saint-Ghislain, près Mons, en Hainaut, le vingt-huitième jour du mois de septembre mil six cent soixante-deux, constatant qu'à cette époque, sur la demande du Révérend Père Hilaire Pinet, religieux de saint Benoît, une des côtes de saint Sulpice, évêque de Bayeux, fut détachée de son corps et envoyée à la communauté de Saint-Vigor-le-Grand ;

II. Nous avons constaté que l'authenticité de la présente relique a été reconnue le 16 mars 1808, par M. l'abbé Durozier, chanoine de Bayeux, délégué à cet effet par Mgr Brault, évêque du diocèse ;

III. Nous avons vérifié la relique, qui

se compose d'une des côtes de saint Sulpice, et nous l'avons trouvée dans un état parfait de conservation ;

IV. Nous en avons détaché quatre fragments, que Monseigneur a bien voulu donner : le premier, à M. l'abbé Leconte, curé de Saint-Exupère de Bayeux, pour être exposé dans son église à la vénération des fidèles ; le deuxième, à M. l'abbé Noget-Lacoudre, supérieur du séminaire de Sommervieu, pour être placé dans la chapelle dont il termine la construction ; le troisième, à M. l'abbé Ozanne, curé de Livry, où saint Sulpice fut inhumé avant d'être transféré au monastère de Saint-Ghislain; le quatrième, à Mme la supérieure du couvent de la Charité de Bayeux, pour être placé dans la chapelle du monastère de Saint-Vigor, dont ladite communauté vient de faire l'acquisition.

(Suivent les signatures.)

Peu considérable en elle-même, cette relique a un prix particulier, et sera une source de nouvelles bénédictions pour la paroisse de Livry, qui n'a plus rien à envier à ceux qui en possèdent de plus insignes ; car, selon la doctrine d'un saint évêque, la bienheureuse présence des saints ne se fait pas sentir seulement là où repose leur corps entier, mais partout où réside une part quelconque de leur corps, leur main s'y trouve avec toute sa puissance, Dieu voulant nous montrer ainsi ce qu'il accorde de crédit au mérite de ses serviteurs.

Enfin allait luire le jour si longtemps attendu où les pieux pélerins de la contrée allaient assister à la translation de la sainte relique du pontife dans le lieu de son martyre.

Nous ne pouvons rendre un compte plus fidèle de cette touchante cérémonie, qu'en citant un article inséré, quelques jours après, dans plusieurs journaux, et dû à la plume éloquente d'un prêtre que ses talents et ses vertus ont appelé depuis à un poste plus élevé :

« La paroisse de Livry vient d'être témoin d'une de ces manifestations religieuses, indices certains que le souffle chrétien n'est point encore éteint dans les âmes. Il s'agissait d'une translation des reliques de saint Sulpice, vingt-deuxième évêque de Bayeux, dans une modeste chapelle où la piété des fidèles vient invoquer le seul évêque martyr dont s'honore l'Église de Bayeux.... Le jeudi 24 juin avait été choisi pour cette solennité, qui n'a point eu d'égale dans nos contrées. Un soleil brillant n'a point cessé d'éclairer cette magnifique journée. Dès le matin, une multitude de personnes du canton de

(1) Nous ferons remarquer ici que saint Sulpice n'est pas le seul évêque de Bayeux mis à mort pour la foi ; saint Baltfride, son successeur immédiat, a pareillement péri par le glaive des Danois.

Caumont et des cantons voisins se pressait sur toutes les routes qui arrivent à Livry, pour participer à l'auguste cérémonie et en recueillir les fruits, et un nombreux clergé était mêlé à la foule des pieux fidèles. Une grand'messe a été célébrée par M. le doyen de Caumont, dans l'église paroissiale de Livry, pendant laquelle, dans une chaleureuse improvisation, M. l'abbé Lefrère, curé de Cormolain, a retracé la vie, les travaux, le martyre de saint Sulpice. Nous regrettons de ne pouvoir suivre l'orateur dans les développements où il a exposé l'enseignement de l'Église sur la légitimité du culte rendu aux reliques des saints. Son énergie surtout a été sublime, quand, s'adressant à certains esprits forts, qui versent la dérision sur ce dogme catholique, il leur a dit : « Eh quoi ! vous vénérez et vous enchâssez dans l'or un morceau de papier sur lequel la main d'un de vos maîtres, et quels maîtres ! a tracé en passant quelques lignes insignifiantes... Et nous, chrétiens, nous ne pourrions pas rendre un culte aux restes précieux des héros du Christianisme !...

« Bientôt une immense procession se met en marche, au chant des litanies. L'airain sacré retentit dans ces lieux qui furent autrefois le champ de bataille de saint Sulpice..... Les bannières sont déployées..... des oriflammes, aux couleurs les plus riches et les plus variées, portées par de jeunes garçons et des jeunes filles couronnées de fleurs et revêtues d'habits blancs, flottent dans les airs. Au milieu des rangs du clergé, qui forme comme une garde d'honneur autour des restes du pontife-martyr, s'avance sur un brancard, décoré avec un goût exquis et porté par quatre prêtres en habits sacerdotaux, une magnifique châsse ogivale, enrichie d'or et de pierreries, objet précieux d'art offert par une main accoutumée à semer les bienfaits. Le trajet de l'église au lieu de pélerinage était de près d'un kilomètre. Eh bien! tout ce parcours était rempli par les rangs pressés des pieux fidèles, qu'on peut, sans exagération, élever au nombre de plus de trois mille personnes. L'ordre le plus parfait, la piété, le recueillement n'ont cessé de régner dans cette immense procession. La joie et le bonheur étaient peints sur tous les visages, tandis que les pensées les plus touchantes remplissaient tous les cœurs. En effet, quoi de plus pénétrant que de se rappeler que ces restes précieux suivaient la même route qu'ils avaient marchée, il y a dix siècles, lorsque l'âme du grand saint Sulpice les animait! Alors, ils fuyaient devant la hache des barbares Danois; aujourd'hui, c'était toute une contrée qui décernait les honneurs du triomphe à ces débris de l'humanité d'un saint pontife, en attendant que le souffle de celui qui est la résurrection et la vie, leur fasse sentir son action toute-puissante, et leur donne le vêtement de l'immortalité. En mettant le pied dans le modeste sanctuaire où ils reçurent le baptême du martyre, et qui doit désormais les abriter, un frisson s'est emparé de nos membres..... Cependant, le souvenir des bourreaux du IXe siècle n'aurait pas dû nous importuner, en voyant cette multitude de cœurs aimants qui priaient, et qui, désormais, y trouveront un protecteur plus présent et plus disposé à les secourir dans leurs calamités.

« Après avoir déposé sur l'autel la sainte relique, où elle a été l'objet de la vénération des pieux pélerins jusqu'à la fin du jour, le clergé est retourné processionnellement à l'église, en chantant l'hymne de l'action de grâces. Oui, c'était avec les accents de la plus vive reconnaissance, que nous rendions grâces à Dieu d'avoir restitué à notre contrée ce riche trésor; c'était de tout cœur que nous remerciions Dieu d'avoir fait jouir notre époque de cette pompe religieuse qui rappelle la piété des âges passés; c'était de tout son cœur que le vénéré pasteur qui avait préparé avec autant de zèle qu'il a dirigé avec soin cette marche triomphale, rendait grâces à Dieu de lui avoir réservé cette magnifique journée, qui, si elle laisse des traces glorieuses dans les annales de son église, est, comme il l'a dit lui-même, une des plus belles de sa vie sacerdotale. »

O saint pontife! vos vœux sont donc désormais pleinement exaucés!. Vous reposez maintenant au milieu de votre peuple, de ce peuple dont la confiance en votre puissante intercession ne s'est jamais démentie. Oh! continuez-nous l'appui de vos suffrages! Bien des infirmités corporelles et spirituelles nous assiégent sur cette terre de souffrances et d'épreuves:

Priez, priez sans cesse pour nous, et présentez nos vœux au Dieu qui vous couronne dans son éternité, afin qu'un jour nous vous soyons réunis pour chanter à jamais avec vous dans les cieux l'éternel *Hosanna!.....*

CHAPELLE DE SAINT-SULPICE

MAINTENANT nous croyons devoir ajouter quelques détails historiques sur la chapelle du Val-Saint.

Avant le martyre de saint Sulpice, il paraît assez probable qu'il existait en ce lieu une chapelle sous le vocable de saint Jean-Baptiste: nous avons du moins quelques raisons de le penser; mais, comme les barbares, suivant le témoignage des historiens, brûlèrent ou détruisirent tous les monuments alors existants, le passé ne nous fournit aucune donnée positive; nous en sommes réduits à des conjectures probables.

Après son martyre, une modeste chapelle fut élevée sur son tombeau, comme nous l'avons vu par la légende que nous avons citée ; mais nous ignorons l'époque de sa fondation.

Vers le commencement du XIIIe siècle, suivant un catalogue des rôles normands, la bruyère dite de saint Sulpice fut donnée aux moines de l'abbaye d'Ardennes ; cette donation fut confirmée en 1319 par Philippe V, surnommé le Long, roi de France.

Nous avons extrait le passage suivant d'un cartulaire de cette abbaye, conservé à la bibliothèque de Caen :

« La chapelle de Saint-Sulpice, paroisse de Livry, dont la fête se célèbre, d'après les anciens missels et bréviaires, le 27 août, où est remise au dimanche suivant.

Cette chapelle est célèbre par l'affluence continuelle des pélerins, et surtout par les fréquentes guérisons de diverses maladies, mais principalement des maladies cutanées. En l'année 1656, Antoine de Moranvillers, abbé d'Ardennes, la fit reconstruire et agrandir aux frais des moines. Les travaux furent exécutés par le prieur Jean de la Croix. Auparavant, elle était beaucoup trop petite et tombait presqu'en ruines; elle ressemblait plutôt à une cabane de bergers qu'à une chapelle destinée aux offices divins. »

Elle appartenait encore aux religieux d'Ardennes avant la révolution; ils la faisaient desservir par un prêtre, mais ils se réservaient tous les dons et offrandes faits par les fidèles.

En l'année 1776, Bernard Béothe, abbé d'Ardennes, fieffa cette propriété avec toutes ses dépendances au sieur Louis-Armand Lehoux d'Amayé, qui la céda, par un acte en date du 26 janvier 1790, à Marin Martin, moyennant une rente annuelle de cinq cent quatre-vingt-cinq francs, ainsi que quelques redevances en nature.

Une dame d'Amfréville, héritière de M. Lehoux, donna cette rente, par un testament en date du 29 décembre 1821, au grand séminaire de Bayeux. Le capital de cette rente fut remboursé en 1857.

A l'époque désastreuse de la révolution, les terroristes de la république voulurent suspendre le cours des hommages rendus à la mémoire de saint Sulpice sur le lieu de son martyre, et dans une de leurs trop fameuses délibérations, à la date du 8 juin 1794, ils décrétèrent la démolition de la chapelle, et l'un de ces vandales, que sa mémoire repose en paix ! demanda que, dans un jour si auguste, le drapeau de la liberté fût présent à la fête, accompagné des piques de la commune.

Mais l'impiété avait en vain renversé la

statue du pontife et profané son sanctuaire ; il n'est pas au pouvoir des dévastateurs de nos sanctuaires d'effacer le souvenir des prodiges et de la protection divine dont la tradition conserve la mémoire. La ferveur des fidèles redoubla aussitôt qu'elle put se manifester sans trop de danger. Pendant les quelques années qui suivirent, les pélerins se rendaient encore sur ce lieu qui avait été le champ de bataille de saint Sulpice et le témoin de son triomphe.

Dix ans plus tard, la chapelle de saint Sulpice fut relevée de ses ruines par les soins du sieur Marin Martin, qui voulut ouvrir de nouveau aux pélerins le sanctuaire du saint Pontife. Sur la demande de Mgr Charles Brault, elle fut autorisée, comme chapelle de dévotion, par un décret impérial en date du 21 mars 1805, et livrée au culte par une ordonnance épiscopale du 27 août suivant. On voit encore, à quelques pas de la chapelle, la belle fontaine d'eau vive près de laquelle saint Sulpice fut inhumé ; de tout temps, les fidèles sont venus y chercher un remède dans leurs infirmités.

De temps immémorial, la chapelle élevée sur le tombeau de saint Sulpice continue d'être visitée par les pèlerins, surtout pendant le printemps et l'été. Ils consacrent une matinée, quelquefois un jour, à prier le saint Pontife d'intercéder en leur faveur pour obtenir un soulagement dans les misères qui les affligent.

Les principaux jours de pèlerinage sont: le lundi de la Pentecôte, le 24 juin (jour de la Nativité de Saint-Jean-Baptiste). Mais une bien touchante réunion a lieu le premier vendredi de mai. Car, en ce jour, les mères se font un devoir religieux d'apporter leurs enfants pour les mettre sous la protection du Saint, et le prier de guider du haut des cieux leurs premiers pas dans le chemin de la vie.

PRIÈRE A SAINT SULPICE

Seigneur, c'est en faveur de votre Église que le glorieux pontife Sulpice tomba sous le glaive des impies : faites que tous ceux qui implorent sa puissante protection, obtiennent un effet salutaire de leur prière. Par Notre-Seigneur, etc.

CANTIQUE

EN L'HONNEUR DE SAINT SULPICE,

composé par M. Adolphe TEURQUETIL,

élève de philosophie au Séminaire de Sommervieu.

Chrétiens, au tombeau de Sulpice,
Prions, réunis en ce jour ;
Et que le Val-Saint retentisse
De chants joyeux, de chants d'amour.
Salut, ô pieuse vallée
Que foulèrent ses premiers pas !
Salut, retraite vénérée,
Témoin de ses derniers combats !

Tu vis, aux jours de son enfance,
Cette modeste et belle fleur,
Dans la prière et le silence,
Grandir sous les yeux du Seigneur.
Puis, lorsque, fuyant loin du monde,
De mourir au siècle il fit vœu,
Dans ta solitude profonde,
Il ne vécut plus que pour Dieu.

Fils de ces Normands parricides,
Nous t'invoquons, ô saint Martyr !
Si nos aïeux furent perfides,
Tu n'as cessé de les bénir !
Du sein de la gloire immortelle,
Où tu goûtes le vrai bonheur,
Veille sur le troupeau fidèle,
Et sois encor notre pasteur.

Le laboureur, quand la semence
Repose au fond de nos sillons,
T'invoque et reçoit l'assurance
De voir prospérer ses moissons.
Toujours l'affligé qui te prie,
Trouva la fin de ses douleurs ;
Au malade tu rends la vie,
Du pauvre tu sèches les pleurs.

Quand une mère avec tristesse
Vint te prier pour son enfant,
Jamais le cri de sa tendresse
Sur ton cœur ne fut impuissant.
La prière de l'innocence
Jamais n'essuya ton refus:
Car tu sembles chérir l'enfance,
Comme la chérissait Jésus.

Il quitte en pleurs le monastère,
Pour prendre le soin du troupeau,
Et sur la chaire d'Exupère
On vit briller un saint nouveau.
De cette vie en vain l'histoire
Nous a dérobé les vertus ;
Son trépas suffit à sa gloire:
Le nom du martyr ne meurt plus !

Bientôt, poursuivant leurs ravages,
Les farouches enfants du Nord
Viennent porter sur nos rivages
Leurs Dieux, leurs autels ou la mort.
Mais, pour ses brebis tendre père,
Seul, le Pontife va périr,
Comme autrefois sur le Calvaire,
Le bon Pasteur voulut mourir.

Ciel ! qu'ils sont profonds, tes mystères !
Le Saint pria pour ses bourreaux,
Et bientôt ces loups sanguinaires
Devinrent de tendres agneaux.
Ils voulaient, fiers de leurs conquêtes,
Du Christ anéantir la loi.....
Sous l'eau sainte courbant leurs têtes,
Vaincus, ils embrassent la foi.

De l'heureuse foi de nos pères
Nous voyons pâlir les clartés ;
Le siècle et ses fausses lumières
Fascinent nos yeux enchantés.
Vaillant Martyr, fais à nos âmes
Resplendir le divin flambeau,
Et que nos cœurs puisent les flammes
Du pur amour à ton tombeau.

Pour nous perdre dans cette vie,
Le monde étale ses appas :
L'enfer déchaîne sa furie
Et nous livre d'affreux combats.
Toi qui sus en dompter la rage
Et demeurer victorieux,
Fais-nous imiter ton courage,
Et nous te suivrons dans les cieux.

www.ingramcontent.com/pod-product-compliance
Lightning Source LLC
LaVergne TN
LVHW010042230826
846091LV00005B/1833

* 9 7 8 2 0 1 2 9 3 8 8 8 5 *